하나님이 우리를 사랑 하세요

글 : 박영득

말씀과만남

 **글 · 박영득 목사**

박영득 목사는 서울 장신대와
장로회신학대학원을 거쳐 미국 캘리포니아
신학대학원에서 문학 석사와 목회학 박사 학위를
취득하였습니다.
서울 장신대학과 여러 신학교에서 강의,
굿뉴스 성경 연구 프로그램을 목회자들과 함께 나누고 있으며
1990년 큰빛교회를 개척하여 지금까지 성도들을 섬기고 있습니다.

재미있는 **52**주 어린이 성경공부
구약이야기 - ❹

하나님이 우리를 사랑 하세요

2005년 8월 25일 초판 1쇄 발행

2007년 9월 20일 1판 3쇄 발행

펴낸이 · 최헌근
펴낸곳 · 말씀과 만남
디자인 · 김응남
등록번호 · 제20-444호
등록 일자 · 1991년 6월 19일

주소 · 138-220 서울특별시 송파구 잠실동 339-3
전화 · (031)594-6327, Fax.(031)594-6328
전자우편 · mmpress@hanmail.net

ISBN 89-7508-106-0
89-7508-102-8 (전 8권)

정가 · 3,000원

잘못된 책은 바꾸어 드립니다.

차례

이 책으로 공부하는 어린이에게

어린이 여러분!

성경을 공부하는 일이 얼마나 재미있는지 아세요?

성경은 이 세상에서 가장 귀중한 책이랍니다.

성경을 공부하면 하나님을 알게되지요.

하나님은 여러분이 하나님에 대하여 잘 알기를 원하셔요.

그러면 여러분과 늘 함께 계실 수 있으니까요.

여러분이 이 책을 공부하는 동안 하나님께서 많은

지혜와 복을 주실 거예요.

이 책으로 이렇게 공부해 보세요.

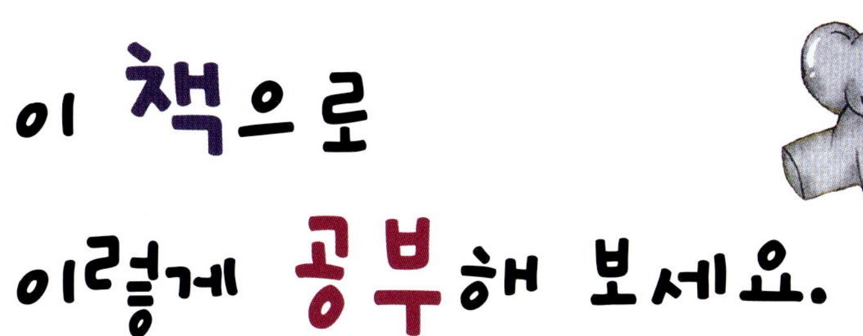

첫째,　본문 말씀을 성경에서 찾아 큰 소리로 읽어보세요.
　　　　중요한 말씀은 줄을 치면서 읽으세요.
둘째,　공과 공부 내용을 자세히 읽으세요. 그러면 성경에 쓰인 글이
　　　　재미있는 이야기로 바뀐 답니다.
셋째,　공과 공부 내용을 생각하면서 예쁜 그림을 보세요.
넷째,　그림을 보고 그림의 내용을 다른 사람에게 이야기 해 보세요.
다섯째, '함께 공부해요'문제를 풀어 보세요.
　　　　그러면 중요한 의미를 깨닫게 된답니다.
여섯째, 함께 이야기 할 부분을 잘 기록해서 주일날 선생님과
　　　　친구들과 이야기해 보세요.
　　　　자기의 생각을 마음속으로 잘 정리해서 분명한 발음으로 이야기해 보세요.
　　　　조금도 두려워할 필요가 없습니다.
　　　　또한 남의 이야기를 들을 때는 조용히 주의 깊게 들으세요.
　　　　나의 생각과 어떻게 다른지를 살피면 많은 도움이 된답니다.

40

그릿 시냇가의 엘리야

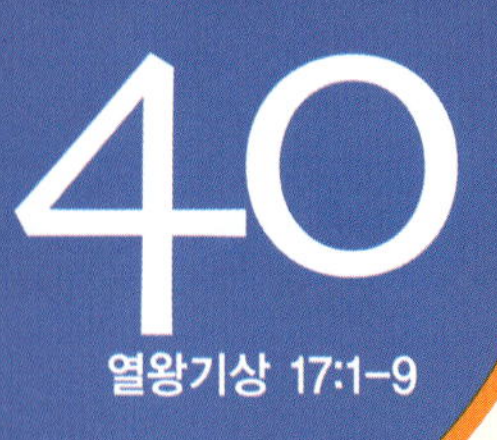

솔로몬 왕이 죽은 뒤, 이스라엘에는 많은 왕들이 있었습니다. 그 많은 왕들 중에 아합이라는 왕은 우상을 섬기고 하나님을 대적하는 악한 왕이었습니다. 그는 다른 나라의 여자 중에서 아내를 택하였는데, 그녀는 바알 신을 섬기는 성격이 거친 여자였습니다. 그녀의 이름은 이세벨입니다. 그녀는 남편인 아합 왕에게와 백성들에게도 자기가 섬겨온 바알 신을 섬기도록 요구했습니다. 그래서 아합 왕은 하나님을 떠나서 우상인 바알을 섬기게 되었던 것입니다.

이 아합 왕 때에 이스라엘의 훌륭한 예언자 엘리야가 있었습니다.

엘리야는 하나님을 버리고 바알 신을 택한 아합 왕 앞에 가서 담대하게 말했습니다. "내가 섬기는 이스라엘 하나님의 살아 계심을 걸고 맹세합니다. 내가 다시 비가 오도록 기도하기 전에는 앞으로 몇 년 동안 이 땅에 비가 내리지 않을 것입니다."

말을 마치고 엘리야는 아합 궁전을 나왔습니다. 아합 왕은 화가 나서 엘리야를 잡아 가두려고 했으나, 하나님께서는 엘리야를 미리 숨겨 주셨습니다.

하나님께서는 엘리야에게 이렇게 말씀하셨습니다. "엘리야야, 이곳을 떠나 요단 강 동쪽으로 건너가 그릿 시냇가에 가서 몸을 숨겨라. 내가 까마귀를 시켜 너에게 먹을 것을 갖다 주도록 하겠다." 엘리야는 하나님의 명령을 따라 그릿 시냇가로 피신해 가서 살았습니다. 하나님이 말씀하신 대로 아침저녁으로 까마귀가 빵과 고기를 날라다 주었기 때문에, 엘리야는 아무 걱정이 없었습니다. 얼마 지나자, 비가 오지 않아 시냇물이 다 말라 버리게 되었습니다. 사람들은 먹을 물로 인해 고통이 많았습니다. 엘리야도 목이 말랐습니다.

하나님께서 엘리야에게 나타나 말씀하셨습니다. "엘리야야! 너는 지금 머물고 있는 곳을 떠나 사르밧으로 가거라. 그곳에 사는 한 과부가 너에게 음식을 줄 것이다."

하나님께서는 그 과부에게 엘리야를 돌보아 주도록 명령하셨던 것입니다. 엘리야는 물이 말라버린 그릿 시냇가를 떠나 사르밧을 향하여 길을 떠났습니다.

외울 말씀 : "까마귀들이 아침에도 떡과 고기를, 저녁에도 떡과 고기를 가져왔고" (왕상 17:6)

1. 하나님을 떠나서 우상을 섬기는 왕은 누구였나요? (   )

2. 비가 내리지 않을 것이라고 말한 선지자는 누구인가요? (   )

3. 아합 왕을 피해서 엘리야는 어디로 가서 숨었나요? (   )

4. (   )가 아침저녁으로 엘리야에게 (   )과 (   )를 날마다
   주었어요.

1. 교회에서 하나님의 말씀을 전하시는 분들은 누가 돌봐 드려야 하나요?

2. 어린이 여러분에게 먹을 것과 입을 것을 주시는 부모님께 감사의 글을 적어 보세요.

엘리야와 사르밧 과부

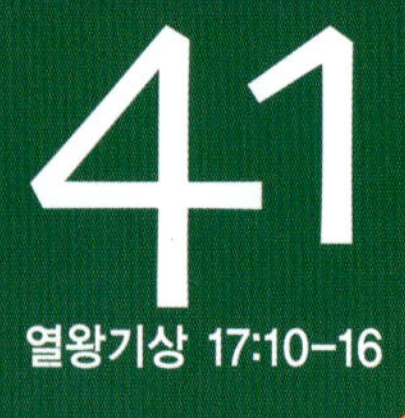

엘리야가 그릿 시냇가를 떠나 사르밧에 도착했을 때, 한 과부가 나뭇가지를 줍고 있었습니다. 엘리야는 이 여자가 바로 하나님께서 말씀하신, 자기를 도울 사람이라는 것을 즉시 알았습니다. 엘리야는 나뭇가지를 줍고 있는 그 여인에게 다가갔습니다.

"내게 마실 물 좀 줄 수 있겠소?" 엘리야가 여자에게 부탁했습니다.

시돈 땅에도 가뭄이 들어 음식과 물이 부족했습니다. 하지만 이 여인은 엘리야의 요구에 따라 물을 대접했습니다. 그런데 물을 다 마신 엘리야가 여자를 향해 말했습니다.

"먹을 빵도 좀 주실 수 있겠소?"

엘리야가 또다시 빵을 부탁하자, 사르밧 과부는 갑자기 얼굴에 슬픈 빛을 띠면서 고개를 흔들었습니다. "죄송합니다. 저에게는 빵 한 조각도 없습니다. 가진 것이라고는 밀가루와 기름이 조금 있을 뿐입니다. 저와 아들은 이것만 먹고 나면 굶어 죽게 될 것입니다"라고 그녀는 말했습니다.

엘리야는 그 여인에게 말하였습니다.

"두려워하지 말고 내 부탁을 들어 주시오. 먼저 그것으로 빵을 만들어 내게 가져오고, 남은 것으로 당신과 당신의 아들을 위해 음식을 만드시오. 하나님께서 비가 내릴 때까지 당신의 밀가루 통에 밀가루가 떨어지지 않게 하시고, 병의 기름도 마르지 않을 것이라고 약속하셨으니 걱정할 것 없소." 남은 밀가루와 기름으로 떡을 만들어 엘리야에게 주고 나면 그만일 텐데, 어떻게 계속 먹을 것이 남아 있을 수 있겠어요.

그러나 사르밧 과부는 엘리야의 말을 믿고 서둘러 음식을 만들었습니다. 그래서 먼저 그것을 엘리야 선지자에게 드렸습니다.

하나님의 약속은 이루어졌습니다.

매일 밀가루 통에서 밀가루를 퍼내어 빵을 만들어도 여전히 통에는 밀가루가 담겨 있었습니다. 또 기름병에도 계속 기름이 남아 있었습니다. 그래서 엘리야는 계속해서 이 여인 집에서 함께 지낼 수 있었습니다.

많은 사람이 가뭄으로 곡식과 물이 없어 굶어 죽어갔지만, 하나님의 말씀에 순종한 사르밧 과부의 가정은 먹을 것이 떨어지지 않아 걱정이 없었습니다.

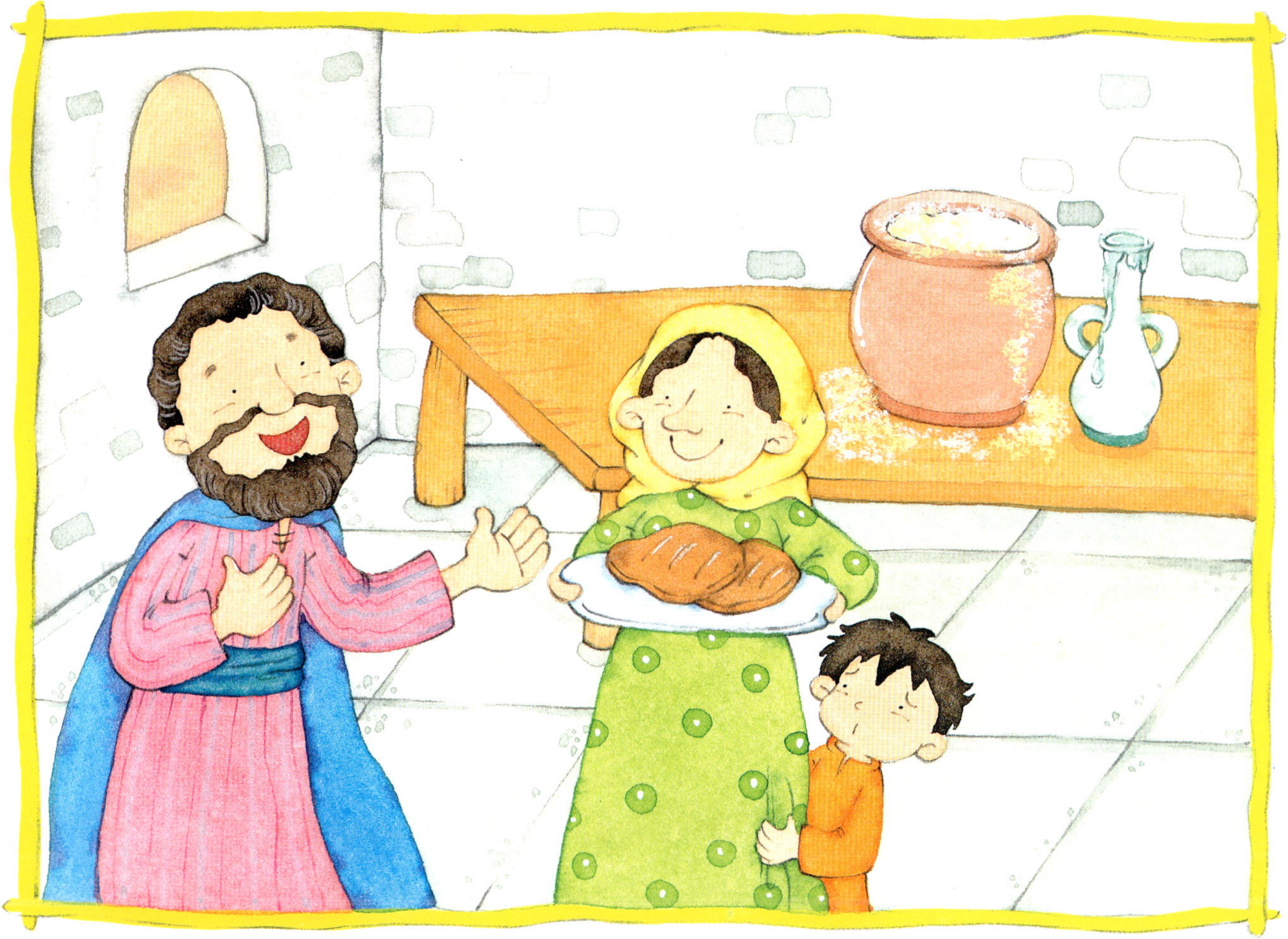

1. 다음 말을 한 사람은 누구인가요?
   (1) "내게 마실 물 좀 줄 수 있겠소?" (   )
   (2) "밀가루와 기름이 조금 있을 뿐입니다." (   )

2. 하나님께서 사르밧 과부에게 비가 내릴 때까지 항아리의 (   )는 떨어지지
   않고, 병의 (   )도 모자라지 않을 것이라고 하셨습니다.

1. 사르밧 과부는 결국 누구의 약속을 믿었나요?

2. 사르밧 과부는 하나님의 일꾼을 잘 섬겼어요. 여러분에게 말씀을 전해 주시는 전도사
   님에게 감사의 편지를 써 보세요.

엘리야의 기도

갈멜 산에 이스라엘 백성들과 바알 선지자들이 모였습니다. 엘리야가 모여든 이스라엘 사람들에게 말했습니다.

"너희가 어느 때까지 둘 사이에서 머뭇머뭇 하느냐? 여호와가 하나님이면 그를 좇고, 바알이 하나님이면 그를 좇을찌니라!"

그리고는 엘리야가 조건을 제시했습니다.

"여호와의 선지자는 나만 홀로 남았으나, 바알의 선지자는 450명이오. 이제 두 송아지를 가져오시오. 먼저 바알의 선지자들이 한 마리를 골라잡아서 장작 위에 놓고 제사를 드리되, 불은 붙이지 마시오. 나도 나머지 한 마리를 잡아 제사를 드릴 것이오. 그들은 바알 신을 부르고, 나는 하나님을 부르겠소. 어느 편이든 불을 보내 제물을 태우는 신이 참 하나님이오."

엘리야가 이렇게 말하자, 온 백성이 "참 좋은 방법이오!"라고 대답했습니다.

먼저 바알의 선지자들이 열심히 바알에게 기도하기 시작했습니다. 이스라엘 백성들은 조용히 그들을 지켜보았지만 아무 일도 일어나지 않았습니다.

그러자 그들은 미친 듯이 춤을 추며, 소리를 지르며, 칼과 창으로 자기들 몸에 상처를 내었지만, 역시 아무 일도 일어나지 않았습니다. 결국 그들을 지쳐서 포기하고 말았습니다. 이제 엘리야 차례가 되었습니다. 엘리야는 제단 둘레에 도랑을 파고 제단 위에 물을 부었습니다. 나무와 제단이 모두 물에 젖었으니 불이 붙기는 더욱 어렵게 되었습니다. 뿐만 아니라, 도랑에도 물이 가득 고이게 한 다음 엘리야는 기도했습니다.

"오, 하나님! 제게 응답해 주소서, 응답해 주소서. 여호와가 진짜 하나님이라는 것을 이 백성들로 알게 하시고, 저들에게 마음을 돌이켜 올바른 길을 걷게 하시는 분이 주님이심을 깨닫게 하소서." 그러자, 하나님이 하늘로부터 불을 보내 나무와 제단을 다 태웠고, 도랑의 물까지도 다 태워 버렸습니다. 이것을 본 백성들은 땅에 엎드려 소리쳤습니다.

"여호와는 진정 하나님이시다! 여호와는 진정 하나님이시다!" 엘리야는 바알 제사장들을 잡아다가 모두 죽여 버렸습니다.

외울 말씀 : "여호와 그는 하나님이시로다. 여호와 그는 하나님이시로다."(왕상 18:39)

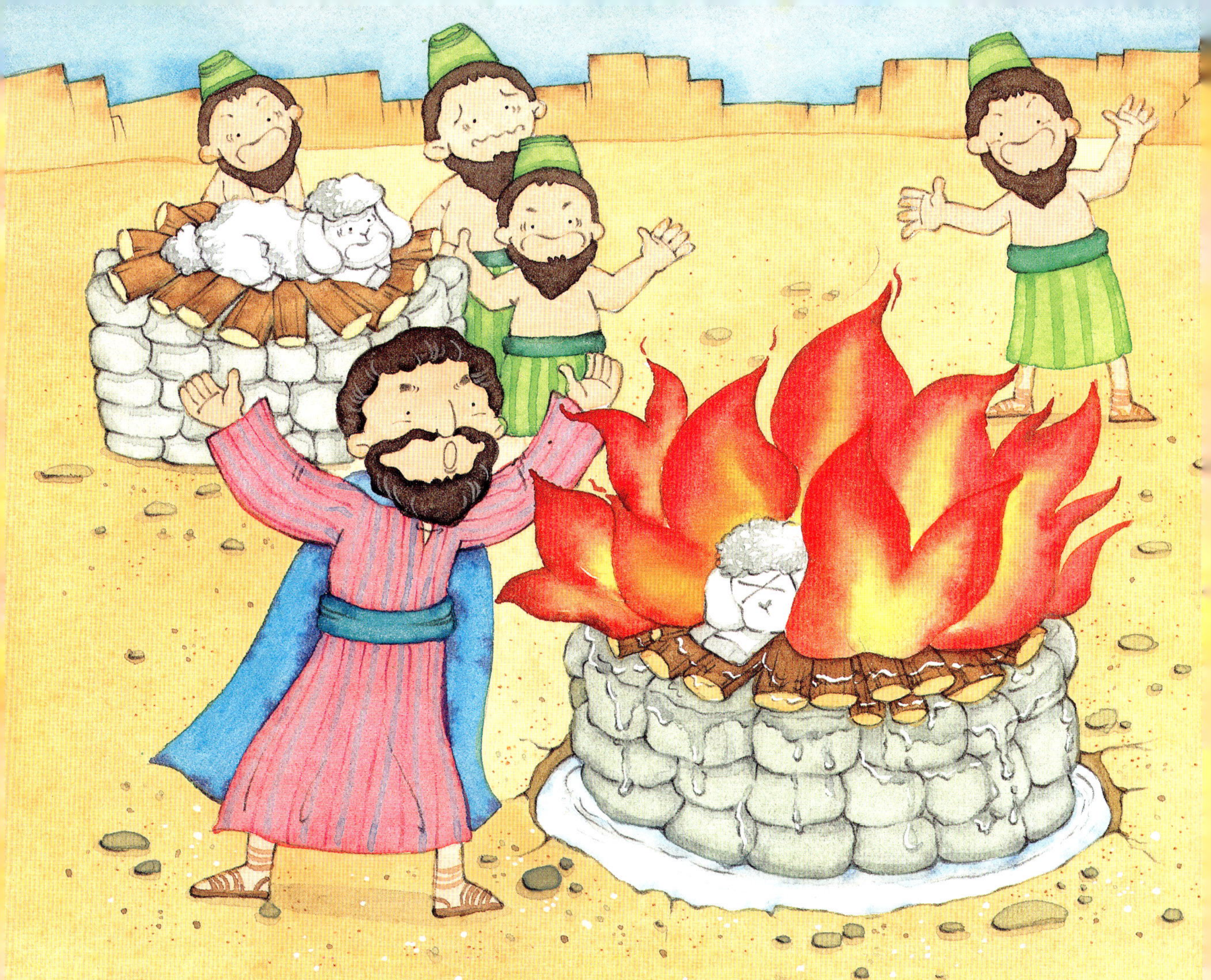

함께 공부해요

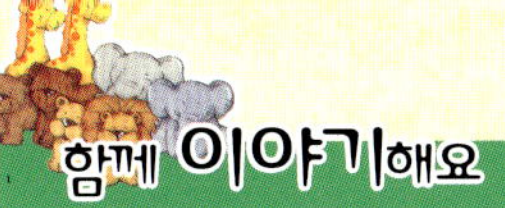

1. 관계있는 것끼리 줄로 연결하세요.

• 미친 듯이 소리를 지르고 기도했어요.	• 바알 제사장들
• 제단에 물을 부었어요.	• 엘리야

2. 엘리야의 제단에서 하늘에 (   )이 내려 왔어요.
3. 사람들은 땅에 엎드려 소리쳤습니다. "여호와는 진정 (   )이시다!"

함께 이야기해요

1. 엘리야가 왜 제단의 제물과 도랑에 물을 부었는지에 대해 말해 보세요.
2. 어떻게 물에 젖은 제단이 탈 수 있었는지에 대해 서로 말해 보세요.

하늘로 올라 간 엘리야

이제 엘리야는 나이가 많이 들어 늙었습니다. 엘리야는 자기의 후계자로 엘리사를 뽑았습니다. 엘리사도 엘리야처럼 무척 하나님을 사랑했습니다.

어느 날, 엘리야는 엘리사를 데리고 먼 길을 걸어가게 되었습니다. 그들은 요단강에 이르렀습니다. 물이 흐르고 있어 그대로 건너 갈 수는 없었습니다. 엘리야는 겉옷을 벗었습니다. 그 겉옷으로 강물을 치자, 강물이 양쪽으로 갈라졌습니다. 엘리야와 엘리사는 갈라진 물 사이로 난 마른 땅으로 걸어서 건너갔습니다. 강을 건너자, 엘리야가 말했습니다. "내가 가기 전에 너에게 무엇을 해 주기를 원하느냐?"

"아들이 아버지에게 유산을 물려받듯이, 저도 선생님처럼 큰 능력을 받고 싶습니다"라고 엘리사가 대답했습니다.

엘리야는, "네가 어려운 것을 요구하는구나. 하지만 내가 너를 떠나면 이루어질 것이다"라고 말했습니다. 그들이 천천히 걸어가며 이야기하고 있는데, 갑자기 불 말들이 끄는 불 수레가 땅을 향해 달려오고 있는 것이

보였습니다. 그리고 그것은 두 사람 사이를 갈라놓았습니다. 그러자 순식간에 엘리야는 회오리바람을 타고 하늘로 올라가 버렸습니다. "내 아버지여! 내 아버지여! 이스라엘의 위대한 선지자여! 나를 버리지 마소서!" 엘리사가 하늘을 향해 소리쳤습니다. 그는 사랑하는 스승을 다시 보지 못할 것입니다. 엘리사는 엘리야가 남겨놓고 간 겉옷을 가지고 무거운 발걸음을 옮겨 요단강으로 돌아왔습니다. 그는 강가에 섰습니다. 그리고 엘리야의 옷을 둘둘 말아 "엘리야의 하나님 여호와는 어디 계십니까?"하며 강물을 내리쳤습니다. 그러자 엘리야가 했을 때처럼 물이 갈라졌습니다. 여리고에서 온 선지자 학교 학생들이 엘리사가 물을 가르는 것을 보고 즉시 땅에 엎으려 "엘리야의 능력이 엘리사에게 임했다"고 말하고, 엘리사를 영접하였습니다.

학생들은 엘리사의 스승 엘리야가 혹 산에라도 떨어졌을지 모르니 찾아 나서겠다고 말했으나, 엘리사는 스승이 어디로 가셨는지 아는 까닭에 그만 두라고 했습니다.

외울 말씀 : "당신의 영감이 갑절이나 내게 있기를 구하나이다."(왕하 2:9)

1. 엘리야의 후계자는 누구인가요? (   )

2. 엘리야는 무엇을 타고 하늘로 올라갔나요? (   )

3. 누구의 겉옷으로 요단강이 갈라졌나요? (   )

4. 엘리사는 누구의 능력을 받았나요? (   )

1. 여러분은 선생님의 어떤 점을 본받고 싶은지 말해 보세요.

2. 선생님을 기쁘시게 해 드리기 위해 여러분은 어떻게 해야 하나요?

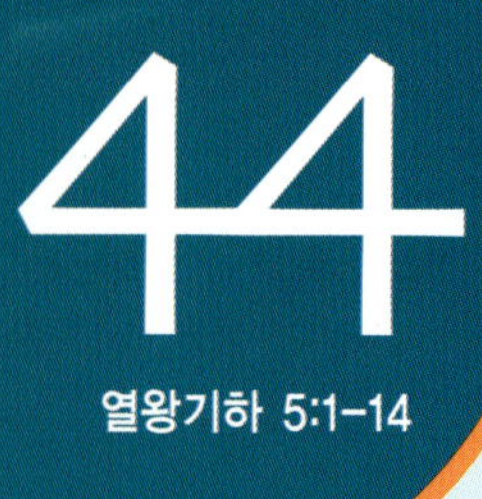

문둥병을 고친 나아만 장군

나아만 장군은 아람 나라의 왕과 신하들에게 대단히 인기 있는 사람이었습니다. 왜냐하면, 그는 이스라엘과 싸워서 큰 승리를 했기 때문입니다. 나아만의 아내에게는 이스라엘에서 잡아온 나이 어린 소녀 일꾼이 있었습니다. 어느 날, 나아만의 아내는 그 소녀에게 슬픈 표정을 지으며 말했습니다.

"너의 주인이 지금 문둥병에 걸려 고생하고 있단다. 병이 나아지면 좋겠는데 점점 더 나빠지기만 하는구나."

그 소녀는 고향에서 엘리사라는 선지자가 하나님의 능력을 받아 놀라운 일을 행했던 것이 기억났습니다. 그래서 나아만의 아내에게 말했습니다. "장군님이 저희 나라의 엘리사 선지자를 만나 보았으면 좋겠어요. 그분은 장군의 병을 고쳐 줄 수 있을 거예요." 그래서 나아만 장군은 무언가 놀랍고 신비한 일이 일어날 것을 기대하며, 이스라엘 나라로 가서 엘리사의 집을 찾아갔습니다.

나아만 장군은 병거를 타고 당당하게 엘리사 선지자의 동네에 들어섰습니다. 그는 이스라엘 나라의 선지자가 마중 나와 어떤 신비한 말을 해 줄 것이라고 생각했습니다.

그런데 엘리사는 문 앞에도 나오지 않고, 단지 하인 중에 하나를 보내 다음과 같은 말을 나아만 장군에게 전하라고 했을 뿐이었습니다. "요단강에 가서 일곱 번 목욕하시오. 그러면 당신의 병이 나을 것입니다."

나아만 장군은 그 말을 듣고 화가 났습니다. "아니, 우리나라에는 이 요단강보다 더 좋은 강이 얼마나 많은가! 그런데 고작 목욕이나 하라고?"

그러나 그의 신하 중의 한 사람이 나아만 장군에게 말했습니다. "엘리사의 말대로 해 보시지요. 그건 매우 쉬운 일입니다."

나아만 장군은 그 말을 듣고, 자신이 온 목적이 얼마나 중요한 것이었는가를 깨달았습니다. 그래서 병거에서 내려와 요단강에서 일곱 번 목욕을 하였습니다. 그런 후에 자기 몸을 보니 몸이 어린 아이의 피부처럼 곱고 깨끗해져 있었습니다. 나아만 장군은 대단히 기뻤습니다. 나아만 장군은 엘리사에게 가서 "당신이 섬기는 여호와가 진정한 하나님이십니다"라고 말했습니다.

> **외울 말씀 :** "그 살이 여전하여 어린아이의 살 같아서 깨끗하게 되었더라."(왕하 5:14)

1. 나아만 장군의 병은 무슨 병인가요? (　　　　　　)

2. 엘리사를 부인에게 소개한 사람은 누구였나요? (　　　　　　)

3. 엘리사는 누구를 시켜서 나아만 장군에게 말했나요? (　　　　　　)

4. 엘리사는 나아만 장군에게 요단강에 가서 몇 번 목욕을 하라고 했나요? (　　　　　　　)

1. 여러분은 예수님을 믿지 않는 친구들에게 예수님을 소개해야 됩니다. 먼저 그 친구들의 이름을 기록해 보세요.

2. 나아만 장군이 문둥병을 고치게 된 이유를 설명해 보세요.

다니엘의 세 친구

다니엘은 지혜롭고 용모가 뛰어난 유대 나라 소년이었는데, 바벨론에 끌려와서 느부갓네살의 궁전에서 세 친구와 함께 있게 되었습니다.

하루는 다니엘과 그의 친구들을 시기하던 신하들이 왕에게 가서 다니엘의 세 친구가 왕의 명령을 어겼다는 사실을 보고하였습니다. 왕은 대단히 화가 났습니다. 왕은 사드락과 메삭과 아벳느고를 불러서 물었습니다. "너희들이 정말로 나의 신상에 절하지 않았느냐? 지금이라도 절을 하면 너희들을 용광로에 던지지 않겠다."

그러나 그들은 말했습니다. "그러실 필요 없습니다. 우리는 하나님 외에는 다른 어떤 것에도 절하지 않을 것입니다. 우리는 하나님만을 섬기겠습니다."

왕은 얼굴이 시뻘겋게 달아올랐습니다. "여봐라! 용광로의 불을 최대한으로 뜨겁게 만들어라. 그리고 이들을 묶어서 그곳에 던져 넣어라." 용광로의 불이 너무 뜨거워 그들을 던져 넣던 신하들이 타 죽었습니다.

왕은 용광로 문을 통해 그 안을 들여다보았습니다. 그러자 갑자기 왕의 얼굴색이 변했습니다. "여봐라! 도대체 몇 명을 불 속에 던져 넣었느냐?"

"세 명입니다." 왕의 신하들이 대답했습니다. 왕이 계속 용광로 속을 보면서 말했습니다. "하지만 저 속에는 지금 네 명이 있지 않느냐? 네 번째 사람은 천사처럼 보인다."

놀랍게도 다니엘의 세 친구와 천사는 불 속에서도 자유롭게 돌아다니고 있었던 것입니다. 느부갓네살 왕은 용광로 속을 향해 소리쳤습니다. "사드락, 메삭, 아벳느고야! 너희들의 하나님이 진정한 하나님이다. 빨리 나오너라!"

세 사람은 용광로에서 걸어 나왔습니다. 그들의 살갗은 들어갈 때 그대로였고, 옷도 불에 그슬린 흔적조차 없었고, 단지 그들을 묶었던 밧줄만 타서 없어졌습니다.

느부갓네살 왕은 그들에게 이렇게 말했습니다.

"너희들의 하나님은 정말 위대하며 찬양을 받으실 만한 분이구나!"

외울 말씀 : "사드락과 메삭과 아벳느고의 하나님을 찬송할찌로다."(단 3:28)

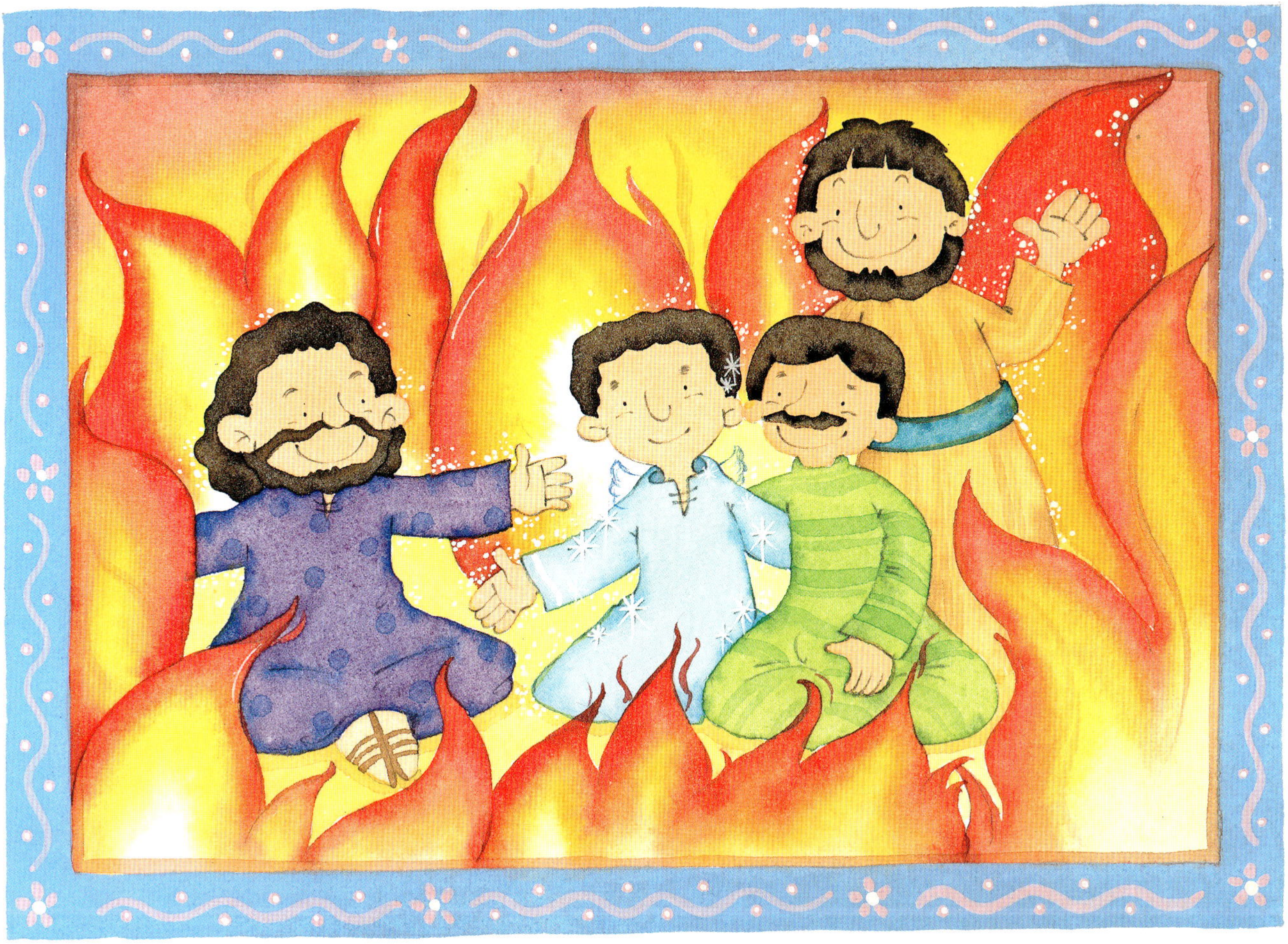

1. 다니엘과 세 친구는 어느 나라에 끌려갔나요? (   )

2. 다니엘의 세 친구는 (   )과 (   )과 (   )입니다.

3. 다니엘의 세 친구는 누구의 신상에 절을 하지 않았나요? (   )

4. 용광로 속에는 몇 명이 있었나요? (   )

1. 여러분의 친구 중, 좋은 친구에 관해 서로 이야기 해 보세요.

2. 교회 다니는데 방해하는 사람들이 있나요? 어떻게 방해하는 사람들을 이길 수 있는지 를 이야기 해 보세요.

사자 굴에 던져진 다니엘

바벨론과 싸워 이긴 다리오 왕은 유대 나라에서 포로로 데려온 다니엘을 무척 사랑했습니다. 왕의 신하들은 질투심이 생겼습니다. 그래서 그들은 다니엘에게서 트집 잡을 궁리를 했습니다. 그러나 아무런 꼬투리를 잡지 못했습니다. 어느 날, 신하들에게 들려오는 소문이 있었습니다. 그것은, 다니엘이 자기 방에서 고향 유대 나라 예루살렘에 있는 성전 쪽을 향하여 하루에 세 번씩 기도를 하고 있다는 것이었습니다. 그래서 그들은 꾀를 내어 왕에게로 가서 이렇게 말했습니다.

"왕이여, 새 법을 만들어야 합니다. 모든 백성이 왕에게만 기도하게 하고, 만일 다른 것에 기도하면 그 사람을 사자굴 속에 던져 넣도록 하십시오." 왕은 그 말을 듣고 좋게 여겨 그것을 새 법으로 만들었습니다. 다니엘은 그 소식을 들었지만, 여전히 하나님께 기도 드렸습니다. 다니엘을 몰래 감시하고 있던 신하들이 드디어 걸려들었구나! 좋아하며, 즉시 왕에게 일렀습니다.

"왕이여, 다니엘이 왕이 허락하신 법을 어기고 하루에 세 번씩 자기가 섬기는 하나님께 기도하고 있습니다. 다니엘을 사자굴 속에 던져 넣어야 합니다."

왕은 무척 마음이 아팠습니다. 자기로 인해 아끼고 사랑하는 신하를 죽이게 된 것이 매우 슬펐습니다. 왕은 어쩔 수 없이 다니엘을 체포하여 사자 굴에 던지라는 명령을 내렸습니다. 신하들은 즉시 다니엘을 끌어다가 사자굴 속에 던져 넣었습니다.

다음 날 아침, 왕은 자리에서 일찍 일어나 급히 사자 굴로 달려가 다니엘을 불렀습니다. "다니엘아, 네가 섬기는 하나님이 너를 구해 주셨느냐?" 그러자 굴속에서 큰 소리로 다니엘은 "예, 구해 주셨습니다. 하나님이 천사를 보내서 사자의 입을 막아 주셨습니다"하고 대답했습니다. 왕은 급히 다니엘을 사자굴 속에서 끌어내도록 명령했습니다. 그의 몸은 긁힌 상처조차 없었습니다. 왕은 다니엘을 시기했던 신하들을 대신 사자굴 속에 던져 넣었습니다. 그러자 사자는 기다렸다는 듯이 그들이 미처 땅에 떨어지기도 전에 모두 삼켜 버리고 말았습니다.

> **외울 말씀 :** "하루 세 번씩 무릎을 꿇고 기도하며 그 하나님께 감사하였더라."(단 6:10)

1. (   )들은 하나님께 (   )하는 다니엘을 왕에게 일렀습니다. 그들은 다니엘을 (   )속에 던져 넣어야 한다고 말했습니다.

2. 하나님이 (   )를 보내서 (   )의 입을 막아 주셨습니다.

3. 왕은 다니엘을 시기했던 (   )들을 (   )속에 넣었어요.

1. 여러분은 언제 기도하나요? 서로 이야기 해 보세요.

2. 다니엘처럼 하나님을 섬기고 싶지 않으세요? 이제부터 어떻게 하나님을 섬길지 서로 이야기 해 보세요.

왕비가 되는 에스더

아하수에로 왕은 바벨론과 싸워 이긴 페르시아 제국의 왕이었습니다. 와스디는 아하수에로 왕의 왕비였는데, 너무나 예쁘고 아름다웠습니다. 하루는 왕이 잔치를 베풀었습니다. 왕은 자신의 신하들에게 왕비의 아름다움을 보여주고 싶어서 그녀를 불러오라고 명령했습니다. 그런데 왕비는 왕의 명령을 거절했습니다. 왕은 몹시 화가 나서 박사들을 불러서는, "와스디 왕후를 어떻게 하면 좋겠소?"하고 물었습니다.

그러자 신하들은 "왕의 명령을 어긴 것은 잘못입니다. 그대로 두면 이 나라의 모든 아내들이 자기 남편의 말을 우습게 여길 것이니, 와스디가 다시는 왕 앞에 나타나지 못하도록 해야 합니다."하고 대답했습니다.

그 후 신하들은 왕에게 이렇게 권했습니다. "왕은 왕을 위하여 전국에서 아름다운 처녀를 불러 모아 왕의 눈에 아름다운 처녀로 왕후를 삼으소서."

왕은 이를 좋게 여겨 그렇게 하도록 했습니다. 전국 방방곡곡에서 많은 처녀들이 왕궁으로 몰려왔습니다. 제각기 얼굴을 예쁘게 꾸미고 옷치장을 아름답게 했습니다.

궁전에는 모르드개라는 유대인 관리가 있었는데, 그에게는 에스더라는 사촌 여동생이 있었습니다. 에스더는 아름다운 처녀로, 부모가 세상을 떠난 후부터 모르드개가 자기 딸같이 길렀습니다.

"에스더야, 지금 왕은 새로운 왕비를 택하려고 한단다. 나는 네가 누구보다도 아름답다고 생각한다. 충분히 너는 왕의 마음에 들 것이다." 그녀는 너무너무 예뻤기 때문에 단번에 왕비 후보로 뽑혔습니다. 모르드개는 에스더에게 "네가 유대인이라는 것을 아무에게도 말하지 말아라"하고 단단히 일러두었습니다. 왕비 후보가 된 처녀들을 담당하고 있던 신하는 에스더를 다른 처녀들보다 더 사랑해 잘 돌보아 주었습니다.

마침내 몸치장이 끝나고 처녀들이 한 명씩 한 명씩 왕 앞으로 나아갔습니다. 아하수에로 왕은 많은 처녀들 중에 에스더가 마음에 들었습니다. 그래서 왕은 에스더의 머리에 면류관을 씌우고, 와스디를 대신하여 왕후로 삼았습니다.

외울 말씀 : "왕이 모든 여자보다 에스더를 더욱 사랑하므로 저가 모든 처녀보다 왕의 앞에 더욱 은총을 얻은지라."(에 2:17)

1. 페르시아의 왕은 누구였나요? (   )

2. 모르드개가 키운 사촌 여동생의 이름은 무엇인가요? (   )

3. 모르드개는 에스더에게 무엇을 당부했나요? (   )

4. 아하수에로 왕은 (   )가 마음에 꼭 들었어요.

1. 하나님은 어떤 어린이를 좋아하실 까요? 함께 이야기 해 보세요.

2. 여러분은 하나님의 사랑 받는 어린이가 되기 위해서 각자 어떤 점을 고쳐야 할지 말해 보세요.

유다 백성을 죽이려는 하만

하만이라는 사람이 아하수에로 왕의 새 국무총리가 되었습니다. 그는 왕 다음으로 높은 사람이 된 것입니다. 모든 백성들과 신하들은 그가 지나갈 때마다 절을 하였습니다. 그런데 절을 하지 않는 사람이 꼭 한 명이 있었습니다. 그는 모르드개였습니다.

"왜 너는 하만에게 절하지 않느냐?" 다른 사람이 물었습니다.

"나는 유대인이므로 하나님 외에는 아무에게도 절하지 않을 것입니다"하고 모르드개가 대답했습니다.

왕궁의 문지기들이 모르드개가 유대인이라는 것과, 그렇기 때문에 그가 하만에게 절하지 않는다는 것을 하만에게 일러 바쳤습니다.

"음－, 그 녀석이 그래서 나에게 절하지 않았구나. 괘씸한 녀석 같으니!" 하만은 잔뜩 화가 나서 모르드개 뿐만 아니라, 유대인들 모두를 죽여야겠다고 마음먹었습니다.

그는 왕에게 가서 이렇게 말했습니다.

"왕이여, 이 나라에 살고 있는 민족 중에 왕의 법을 어기는 민족이 있습니다. 왕께서는 그들을 모두 죽이라는 명령을 전국에 내리십시오. 그러면 제가 은 일만 달란트를 왕에게 드리겠습니다." 자기를 거역하는 유대인들을 죽이고, 많은 은이 생긴다는 말에 왕은 허락한다는 명령을 내렸습니다. 하만은 왕의 명령을 전국에 보냈습니다. 그 명령의 내용은, 어린 아이와 여자를 포함한 모든 유대인들을 다 죽이고, 그들의 재산을 빼앗으라는 것이었습니다. 이제 모르드개를 포함한 모든 유대인들은 큰 일이 났습니다. 모든 백성이 떼죽음을 당하게 된 것입니다.

"벌써 날짜까지 정해졌어요. 12월 13일에 우리 모두를 죽인답니다."

"들으셨어요? 왕이 우리 유다 민족 모두를 죽이라고 했대요. 어떻게 하면 좋아요."

"이건 분명 하만의 짓이요! 그는 하나님을 대적하는 자요! 오 － 자비하신 하나님이시여, 저희 민족을 불쌍히 여기소서."

유대인들은 이렇게 서로 소식을 주고받았습니다. 그러나 하나님께서는 유대 백성을 구해 주실 것을 계획하셨습니다. 그들은 하나님을 섬기는 백성들이기 때문입니다.

외울 말씀 : "모르드개는 꿇지도 아니하고 절하지도 아니하니"(에 3:2)

1. 하만에게 절하지 않았던 사람은 누구인가요? (   )

2. "나는 유대인이므로 (   ) 외에는 아무에게도 절을 하지 않을 것입니다."하
고 (   )가 말했습니다.

3. (   )은 모르드개 뿐만 아니라, 유대인들을 모두 죽여야겠다고 마음을 먹었
어요.

1. 하나님께서 싫어하시는 일에 대해 서로 이야기 해 보세요.

2. 과거 일본이 우리나라를 다스렸던 때가 있었어요. 그 때 우리나라 사람들, 특히 예수
믿는 사람들이 당한 고통에 대해 아는 대로 말해 보세요.

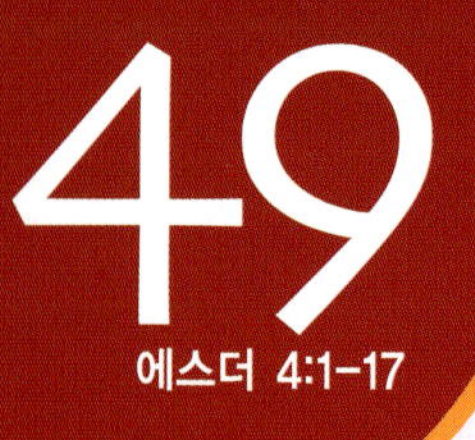

에스더의 결심

유대인을 죽이라는 명령이 내리자, 모르드개를 비롯한 모든 유대인들은 크게 충격을 받았습니다. 모르드개는 옷을 찢고 굵은 베옷을 입고 대성통곡하며 울었고, 유대인들은 모두가 베옷을 입고 금식하며 슬퍼하였습니다. 모르드개는 에스더에게 편지를 보내어 왕의 명령에 대해서 알리고, 왕에게 가서 이 억울한 일을 도와달라고 부탁하도록 하였습니다. 하지만, 그 일은 모르드개의 생각처럼 쉽지가 않았습니다. 누구든지 왕의 명령이 없이 왕 앞에 나아가면 사형에 처하게 되어 있었습니다. 그래서 에스더는 모르드개에게 다음과 같이 전했습니다.

"왕께서 부르시지 않았는데 왕께로 나아가는 사람은, 왕께서 금홀을 높이 쳐들지 않는 한 그 자리에서 죽는다는 것은 누구나 다 알고 있습니다. 왕께서는 지난 30일 동안이나 저를 부르시지 않았는데, 어떻게 제 마음대로 가서 말씀드릴 수 있겠습니까?"

그러나 모르드개는 다음과 같은 편지를 다시 에스더에게 보냈습니다. "원수들이 유대인을 죽일 때, 왕후라고 해서 목숨을 살려둘 것이라고는 생각지 마십시오. 왕후께서 이 특별한 때에 유대인을 구하기 위해서 하나님께서 왕후로 세우셨는지 누가 압니까?" 모르드개는 하나님의 특별하신 계획에 대해 이야기하고 있는 것입니다. 그리고 덧붙여 이렇게 경고하였습니다. "이 때에 왕후께서 잠잠히 있는다 하더라도, 하나님은 다른 방법을 사용하셔서 자기의 계획을 이루실 것입니다. 그러나 그렇게 되면, 왕후와 왕후의 집은 하나님의 진노를 당할 것입니다." 편지를 읽은 에스더는 크게 깨닫게 되었습니다. 그래서 마음을 가다듬고 다시 모르드개에게 소식을 전하였습니다. "당신은 가서 수산 성에 있는 모든 유대인들을 다 불러 모으고, 나를 위하여 금식하되 삼 일 밤과 낮 동안 음식을 먹지 말고 기도하라고 하십시오. 저도 금식하고 왕께 가서 말하겠습니다. 그리고 죽게 되면 죽겠습니다." 드디어 에스더는 억울하게 죽임을 당하게 된 자기의 동족 유대인들을 구원하기 위해서 생명까지라도 바치기로 결심했습니다. '나는 하나님의 계획에 따라 쓰여야해. 그것이 내가 왕후가 된 목적이야.'

외울 말씀 : "왕에게 나아가리니 죽으면 죽으리이다."(에 4:16)

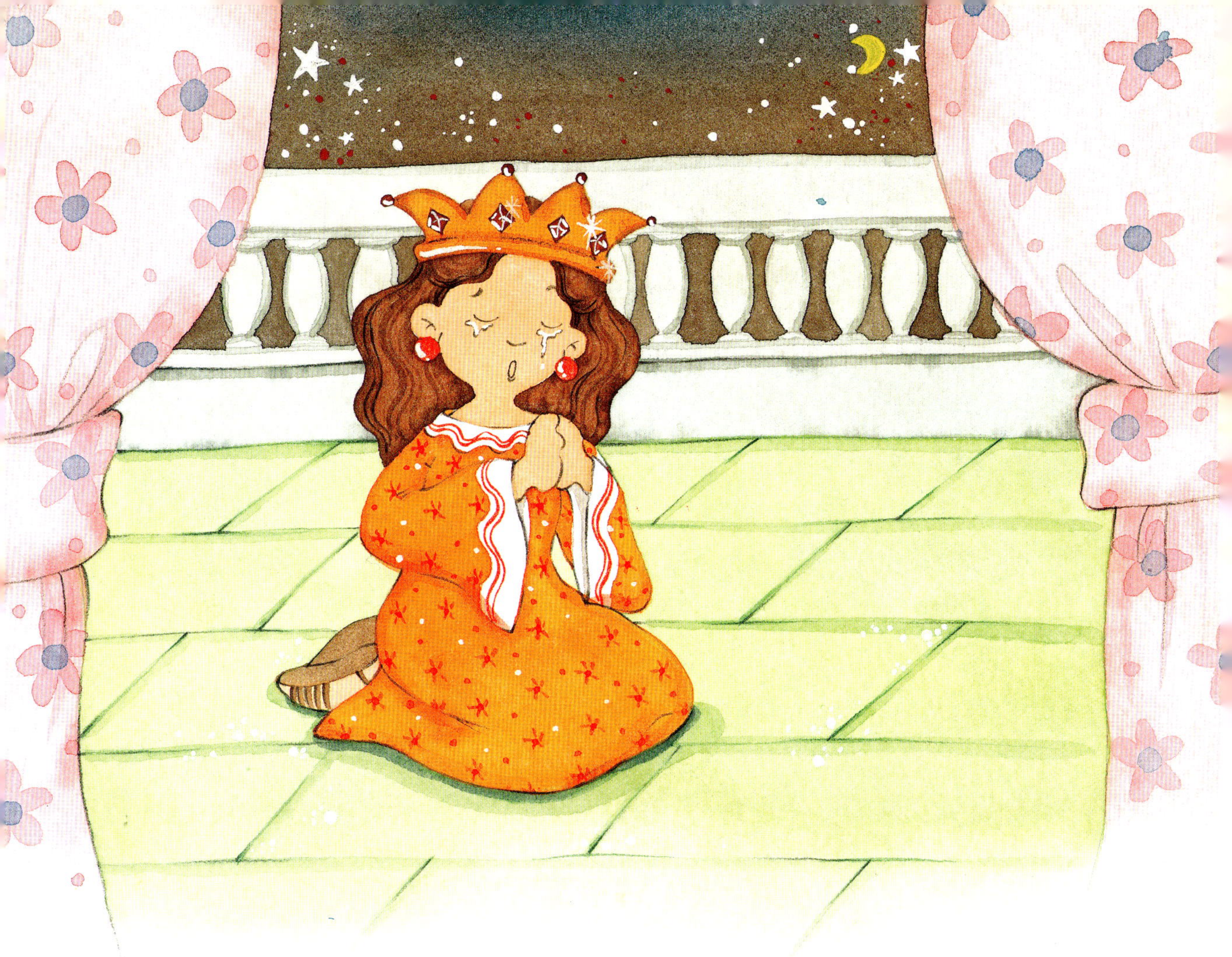

1. 다음과 같이 행동한 사람이 누구인지 이름을 써넣으세요.

    (1) 옷을 찢고 통곡하며 울었어요. (   )
    (2) 베옷을 입고 금식하며 슬퍼하였어요. (   )
    (3) 왕비에게 편지를 보냈어요. (   )
    (4) "왕께 가서 말하겠습니다. 죽게 되면 죽겠습니다." (   )

2. 에스더를 왕후로 삼도록 하신 것은 하나님의 (   )이었습니다.

1. 각자 우리나라를 위한 기도문을 써서 읽어보세요.

2. 하나님께서는 여러분 각자에게 특별하신 계획이 있으십니다. 어떤 계획이 있는지에
   대해 자유롭게 발표해 보세요.

하만의 죽음

에스더는 금식하며 기도한 후, 왕 앞에 나갔습니다. 왕은 자기에게 오는 에스더를 보자, 미소를 지으면서 말했습니다.

"아니, 그대는 왕후가 아니요? 여전히 아름답구려. 내가 나라 일로 잠시 당신을 잊고 있었소. 자, 어서 이리로 오시오."

왕은 즉시 들고 있던 금홀을 왕후 에스더를 향해 내밀었습니다. 그리고는 물었습니다. "당신이 원하는 것이 무엇이요? 나라의 절반이라도 주겠소."

에스더는 왕과 하만이 자신이 베푼 잔치에 와 줄 것을 부탁했습니다. 왕은 몹시 기뻐하며 즉시 허락하고, 하만과 함께 잔치에 참석했습니다.

다음 날도 에스더는 왕에게 하만과 함께 잔치에 와 달라고 하자, 왕은 기쁘게 허락했습니다. 바로 그 날 밤, 왕이 잠이 오지 않아 신하에게 궁중일기를 읽게 했는데, 그것을 통해 오래 전 자신을 죽이려 했던 음모로부터 모르드개가 구해 주었던 사실을 알게 되었습니다. 왕은 하만에게 물었습니다.

"내가 높여 주어야 할 사람이 있는데, 그대는 어떻게 하면 좋겠다고 생각하는가?"

"왕이 높이시기를 원하는 사람에게는 왕의 옷과 왕이 타시는 말을 태우시고 성 안 거리로 지나가게 하심이 좋겠습니다"하고 하만은 얼른 대답했습니다.

그러자 왕은 "좋소. 그럼 저 모르드개를 그대가 말한 것처럼 하시오"하고 명령했습니다. 하만은 자신이 높임을 받을 줄 알았는데, 결국 모르드개를 말에 태워 성중 거리로 다니며 자기가 말한 대로하였습니다. 에스더가 베푼 두 번째 잔치에서도 왕은 기분이 좋아 "당신이 원하는 것이 무엇이오?"하고 물었습니다. "왕이여, 저와 제 백성이 죽지 않기를 원할 뿐입니다. 한 사람의 악한 음모 때문에 저와 저의 백성이 모두 죽게 되었습니다"라고 에스더가 대답했습니다.

"누가 그런 짓을 했단 말이요?"

왕이 화가 나서 묻자, 에스더는 하만을 가리키며 "바로 저 사람입니다"라고 했습니다.

이렇게 하여 하만은 모르드개를 죽이려고 세워 놓은 높은 장대에 자신이 달려 죽고, 모르드개가 총리가 되었습니다.

외울 말씀 : "모르드개를 달고자 한 나무에 하만을 다니 왕의 노가 그치니라."(에 7:10)

1. 왕은 자기에게 나아오는 왕후를 보자 (   )을 내밀었습니다.

2. 왕을 죽일 음모를 알게 하여 왕을 구해 주었던 사람은 (   )입니다.

3. 높은 장대에 달려 죽은 사람은 (   )입니다.

4. 모르드개는 (   )가 되었어요.

1. 한 사람씩 우리나라를 위해 기도해 보세요.

2. 하만처럼 남을 해치려는 나쁜 사람이 있다면 어떻게 해야 될까요?

다시스로 도망가는 요나

어느 날, 하나님은 요나 선지자에게 다음과 같이 말씀하셨습니다.

"니느웨 백성들에게 가서 나의 말을 전하거라. 그들이 얼마나 많은 죄를 저지르고 있는지 너는 잘 알 것이다. 너는 그곳의 왕과 백성들에게 가서, 잘못을 회개하고 행동을 바꾸지 않으면 무서운 벌을 받게 될 것이라고 전해라." 요나는 하나님의 말씀대로 하기가 싫었습니다. 왜냐하면, 니느웨는 앗시리아 제국의 수도인데, 그는 앗시리아 사람들이 잔인하다는 사실을 잘 알고 있었기 때문입니다. 요나는 앗시리아 사람들이 하나님께 용서받아 벌을 받지 않게 되는 것이 싫었습니다. 그래서 요나는 하나님을 피해서 도망해야겠다는 마음을 먹었습니다. 요나는 멀리 달아나기 위해 욥바라는 항구로 갔습니다. 거기에는 이스라엘에서 아주 먼 다시스로 가는 배가 있었습니다. 요나는 배 삯을 지불하고 그 배에 탔습니다. 하나님을 피해서 먼 길을 떠나는 그는, 몹시 피곤해서 배의 제일 아래층에 내려가 즉시 잠을 잤습니다. 그런데 갑자기 폭풍우가 몰아치기 시작하더니, 파도가 점점 더 심해져서 배가 금방이라도 부서질 것만 같았습니다. 선원들은 있는 힘을 다해 항해를 계속하려 했지만, 아무 소용이 없었습니다. 그들은 어쩔 수 없이 배에 있는 짐들을 모두 바다 속에 던져 버렸습니다. 그러나 배는 금방이라도 부서질 것 같았습니다. 겁에 질린 선원들은 자기들의 신을 부르기 시작했습니다. 선장이 배의 제일 아래층에 내려갔다가 요나가 잠을 자고 있는 것을 보고 흔들어 깨우며 말했습니다.

"어서 일어나시오. 그리고 당신의 신에게 이 위험으로부터 구해달라고 기도하시오!"

그 때 한 사람이 이렇게 제안했어요. "신이 노하셔서 폭풍우를 보내신 것입니다. 누가 신을 노엽게 했는지, 제비를 뽑아 그 사람을 찾아냅시다!" 배에 타고 있던 모든 사람들이 이름을 적어 제비를 뽑았습니다. 뽑힌 사람은 다름 아닌 요나였습니다. 요나는 자신 때문에 풍랑이 일어난 것이라고 말했습니다. 그래서 선원들은 요나를 바다에 던졌습니다. 그러자, 풍랑이 곧 멈추고 바다가 잔잔해 졌습니다.

외울 말씀 : "너는 일어나 저 큰 성읍 니느웨로 가서 그것을 쳐서 외치라."(욘 1:2)

1. 요나는 왜 니느웨 사람들에게 가지 않으려 했나요? (   )

2. 요나는 어디로 가는 배를 탔나요? (   )

3. 제비를 뽑자 (   )가 뽑혔습니다.

4. 선원들이 요나를 바다에 던지자, 바다는 곧 어떠했나요? (   )

1. 요나의 잘못한 일이 무엇인지에 대해 말해 보세요.

2. 지난 한 주간 동안 여러분이 하나님 앞에 잘못한 것들이 있으면 말해 보세요.

니느웨 백성의 회개

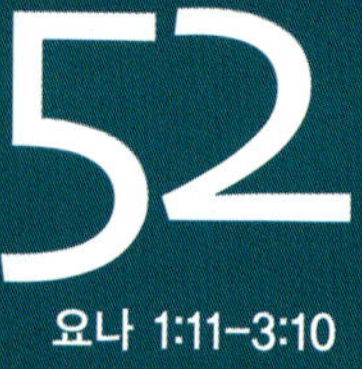

나는 바다 깊이 가라앉았습니다. 하나님은 바다 속에 큰 물고기를 준비하셔서 요나를 삼키게 했습니다. 요나는 물고기 뱃속에 들어가게 된 것입니다.

요나는 비로소 하나님께서 말씀하신 것에 불순종한 잘못을 회개하며 삼 일 밤낮을 기도했습니다. 요나의 기도를 들으신 하나님은 삼일 째 되는 날, 그 물고기를 육지 가까운 곳으로 헤엄쳐 가게 했습니다. 하나님께서 명령을 내리자, 그 물고기는 요나를 해변에 토해 냈습니다.

요나는 하나님께서 말씀하신 대로 다시 니느웨로 갔습니다. 니느웨는 아주 큰 성읍이었습니다. 요나는 하루 동안 길을 걸으며 큰 소리로 외쳤습니다.

"40일이 지나면 니느웨는 망한다!"

"40일이 지나면 니느웨는 망한다!"

그러자 니느웨 백성들은 음식 먹기를 중단하고, 굵은 베옷을 입었습니다.

어떤 사람이 이 소문을 왕궁의 신하에게 전했어요. 그 신하는 즉시 왕에게 그 사실을 알렸습니다.

"뭐라고? 이 도시가 40일 후면 망한다고?"

왕은 즉시 금식을 선포하고, 가장 높은 사람으로부터 가장 낮은 사람에게까지 모두 굵은 베옷을 입게 하였습니다.

그러면서 왕도 스스로 베옷을 입고 재에 앉아 자기의 죄와 백성의 죄를 하나님께 고백하며 슬피 울었습니다.

심지어는 짐승까지도 베옷을 입히게 하여 하나님께 용서를 구하도록 했습니다.

왕은 니느웨 백성에게 다음과 같이 선포했습니다.

"모든 백성들은 악한 행실에서 돌아서라. 손으로 지은 모든 거친 행동에서 떠나라. 그렇게 하면 혹시 하나님께서 뜻을 바꾸시어 우리를 망하지 않게 하실지 모른다."

모든 백성이 왕의 명령을 따랐습니다. 하나님께 자기의 죄를 고백하고 회개했습니다. 하나님께서는 이스라엘 백성이 자기의 죄를 회개하고, 자기가 가던 나쁜 길에서 돌이키는 것을 보시고, 그들을 용서하셨습니다.

외울 말씀 : "여호와께서 그 물고기에게 명하시매 요나를 육지에 토하니라."(욘 2:10)

함께 공부해요

1. 요나는 고기 뱃속에서 잘못을 회개하며 (　　　　　)을 기도했어요.

2. 백성들은 먹는 것을 중단하고, (　　　　　)을 입었습니다.

3. 왕은 백성에게 "(　　　　　)에서 돌아서라. 손으로 지은 모든 (　　　　　)에서 떠나자"고 명령했어요.

함께 이야기해요

1. 우리가 죄를 지었을 때, 어떻게 해야 용서받을 수 있나요?

2. 여러분이 부모님께 잘못했을 때, 어떻게 용서를 받을 수 있었는지에 대해 서로 말해 보세요.

3. 여러분이 전도해야 될 친구들의 이름을 적어 보세요.